Impressum
Verlag: BABADADA GmbH, Nedderfeld 112 , 22529 Hamburg
Geschäftsführer / Verlagsleitung: Harald Hof
Druck: Books on Demand GmbH, In de Tarpen 42, 22848 Norderstedt

Imprint
Publisher: BABADADA GmbH, Nedderfeld 112 , 22529 Hamburg, Germany
Managing Director / Publishing direction: Harald Hof
Print: Books on Demand GmbH, In de Tarpen 42, 22848 Norderstedt

l'école

escuela

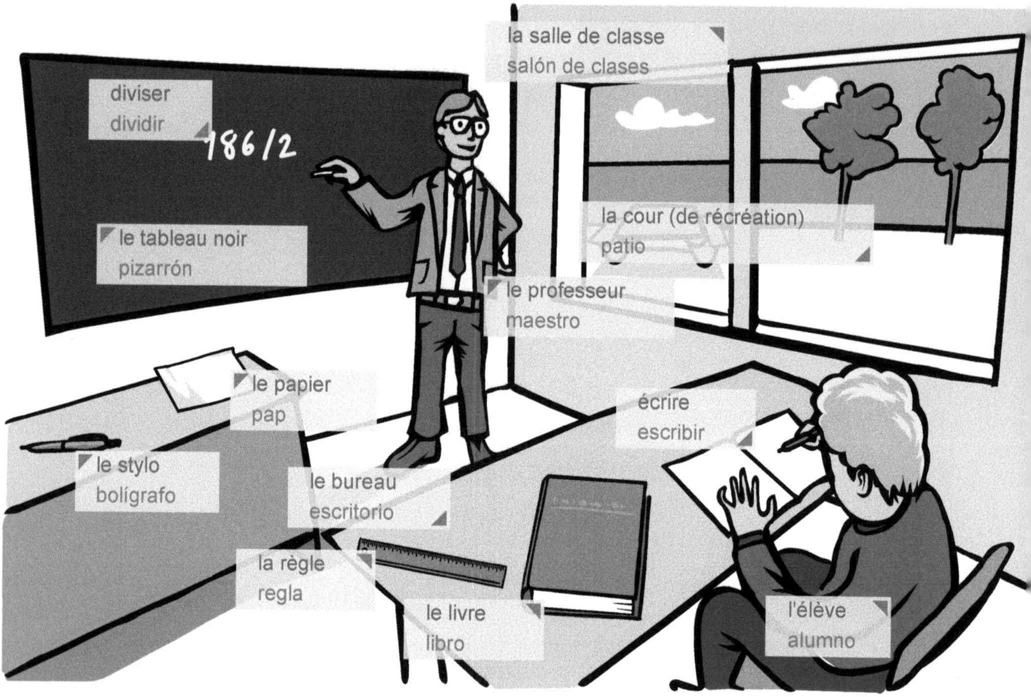

la salle de classe
salón de clases
diviser
dividir
186/2
la cour (de récréation)
patio
le tableau noir
pizarrón
le professeur
maestro
le papier
pap
écrire
escribir
le stylo
bolígrafo
le bureau
escritorio
la règle
regla
le livre
libro
l'élève
alumno

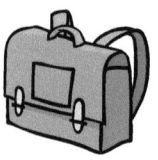

le cartable
mochila

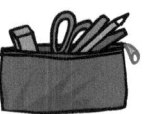

la trousse
caja de lápices

le crayon
lápiz

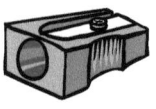

le taille-crayon
sacapuntas

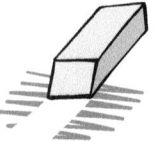

la gomme
goma de borrar

le carnet à dessin
bloc de dibujo

le dessin

dibujo

le pinceau

pincel

la boîte de peinture

caja de lápices de color

les ciseaux

tijeras

la colle

pegamento

le cahier d'exercices

libro de ejercicios

les devoirs

tarea

le chiffre

número

additionner

sumar

soustraire

restar

multiplier

multiplicar

calculer

calcular

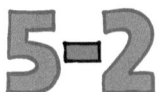

la lettre

letra

l'alphabet

alfabeto

le mot

palabra

le texte

texto

lire

leer

la craie

tiza

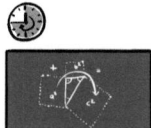

la leçon

lección

le livre de classe

cuaderno de clase

l'examen

examen

le certificat

certificado

l'uniforme scolaire

uniforme

la formation

educación

le lexique

enciclopedia

l'université

universidad

le microscope

microscopio

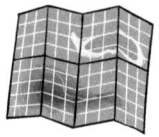

la carte

mapa

la corbeille à papier

bote de basura

l'hôtel
hotel

Grand

l'auberge
hostel

ROOMS

le bureau de change
casa de cambio

ÉCHANGE

la valise
maleta

la voiture
carro

la langue

idioma

oui / non

sí / no

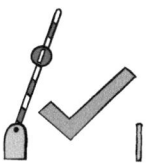

d'accord

Órale

Salut

hola

l'interprète

traductor

merci

Gracias

Combien coûte...?

¿cuánto cuesta...?

Je ne comprends pas

No entiendo

le problème

problema

Bonsoir !

¡Buenas tardes!

Bonjour !

¡Buenos días!

Bonne nuit !

¡Buenas noches!

Au revoir

adiós

la direction

dirección

les bagages

equipaje

le sac

bolsa

le sac-à-dos

mochila

l'hôte

invitado

la pièce

recámara

le sac de couchage

bolsa de dormir

la tente

tienda de campaña

l'office de tourisme

información turística

la plage

playa

la carte de crédit

tarjeta de crédito

le petit-déjeuner

desayuno

le déjeuner

almuerzo

le dîner

cena

le billet

billete

l'ascenseur

ascensor

le timbre

sello

la frontière

frontera

la douane

aduana

l'ambassade

embajada

le visa

visa

le passeport

pasaporte

le transport
transporte

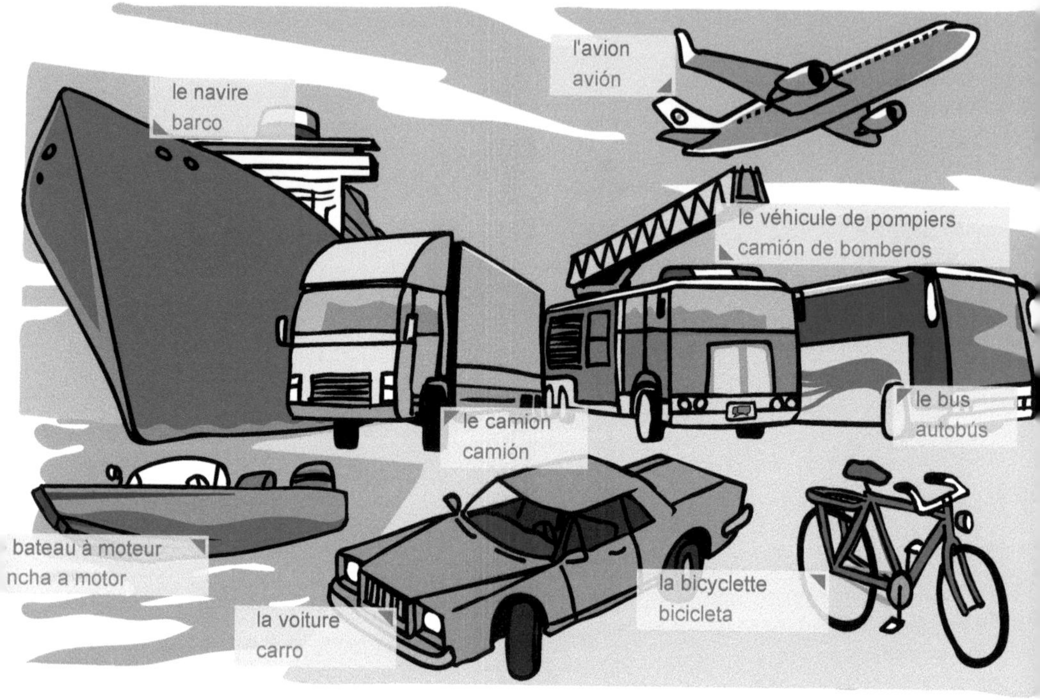
l'avion
avión
le navire
barco
le véhicule de pompiers
camión de bomberos
le camion
camión
le bus
autobús
bateau à moteur
ncha a motor
la voiture
carro
la bicyclette
bicicleta

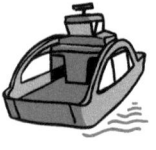

le ferry
ferry

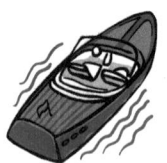

la barque
bote

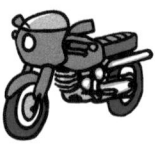

la moto
motocicleta

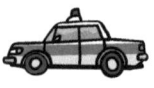

la voiture de police
patrulla

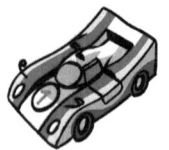

la voiture de course
coche de carreras

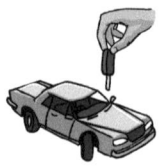

la voiture de location
auto para rentar

l'auto-partage

renta de autos

la voiture de remorquage

grúa

la benne à ordures

camión recolector de basura

le moteur

motor

l'essence

gasolina

la station d'essence

gasolinera

le panneau indicateur

señal de tráfico

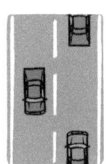

le trafic

tránsito

l'embouteillage

embotellamiento

le parking

aparcamiento

la gare

estación de tren

les rails

vías

le train

tren

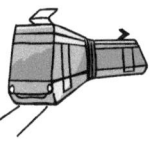

le tramway

tranvía

le wagon

vagón

l'hélicoptère

helicóptero

l'aéroport

aeropuerto

la tour

torre

le passager

pasajero

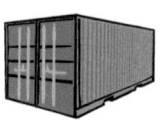

le conteneur

contenedor

le carton

caja de cartón

le chariot

carretilla

la corbeille

cesta

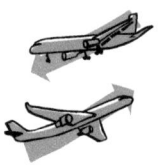

décoller / atterrir

despegar / aterrizar

la ville

ciudad

le village

pueblo

le centre-ville

centro de ciudad

la maison

casa

le cinéma
cine

la publicité
anuncio

CINEMA

le réverbère
farol

la rue
calle

le taxi
taxi

le piéton
peatón

le kiosque
dulcería

le trottoir
banqueta

le passage piéton
paso peatonal

la poubelle
bote de basura

le carrefour
cruce

les feux de circulation
semáforo

la cabane
cabaña

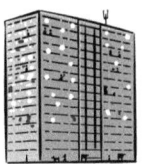

l'appartement
apartamento

la gare
estación de tren

la mairie
ayuntamiento

le musée
museo

l'école
escuela

la ville - ciudad

l'université

universidad

la banque

banco

l'hôpital

hospital

l'hôtel

hotel

la pharmacie

farmacia

le bureau

oficina

la librairie

librería

le magasin

tienda

le fleuriste

florería

le supermarché

supermercado

le marché

mercado

le grand magasin

grandes tiendas

la poissonnerie

pescadería

le centre commercial

centro comercial

le port

puerto

la ville - ciudad

le parc

parque

la banque

banco

le pont

puente

les escaliers

escaleras

le métro

metro

le tunnel

túnel

l'arrêt de bus

parada de autobús

le bar

bar

le restaurant

restaurante

la boîte à lettres

buzón

le panneau indicateur

letrero

le parcmètre

parquímetro

le zoo

zoológico

le réverbère

alberca

la mosquée

mezquita

la ferme
granja

la pollution
contaminación

la cimetière
cementerio

l'église
iglesia

l'aire de jeux
área de niños

le temple
templo

le paysage
paisaje

la feuille
hoja

le panneau indicateur
señal

le chemin
camino

le pré
pradera

la pierre
piedra

le randonneur
caminante

l'arbre
árbol

la rivière
río

l'herbe
pasto

la fleur
flor

la vallée
....
valle

la montagne
....
montaña

le lac
....
lago

la forêt
....
bosque

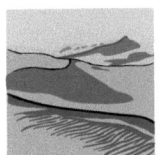

le désert
....
desierto

le volcan
....
volcán

le château
....
castillo

l'arc-en-ciel
....
arco iris

le champignon
....
champiñón

le palmier
....
palmera

le moustique
....
mosquito

la mouche
....
mosca

les fourmis
....
hormiga

l'abeille
....
abeja

l'araignée
....
araña

le paysage - paisaje

le coléoptère

escarabajo

la grenouille

rana

l'écureuil

ardilla

le hérisson

erizo

le lièvre

liebre

la chouette

lechuza

l'oiseau

pájaro

le cygne

cisne

le sanglier

jabalí

le cerf

ciervo

l'élan

alce

le barrage

embalse

l'éolienne

turbina eólica

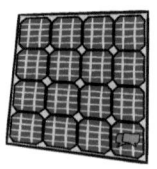

le panneau solaire

pansolar

le climat

clima

le restaurant
restaurante

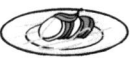

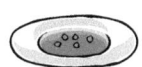

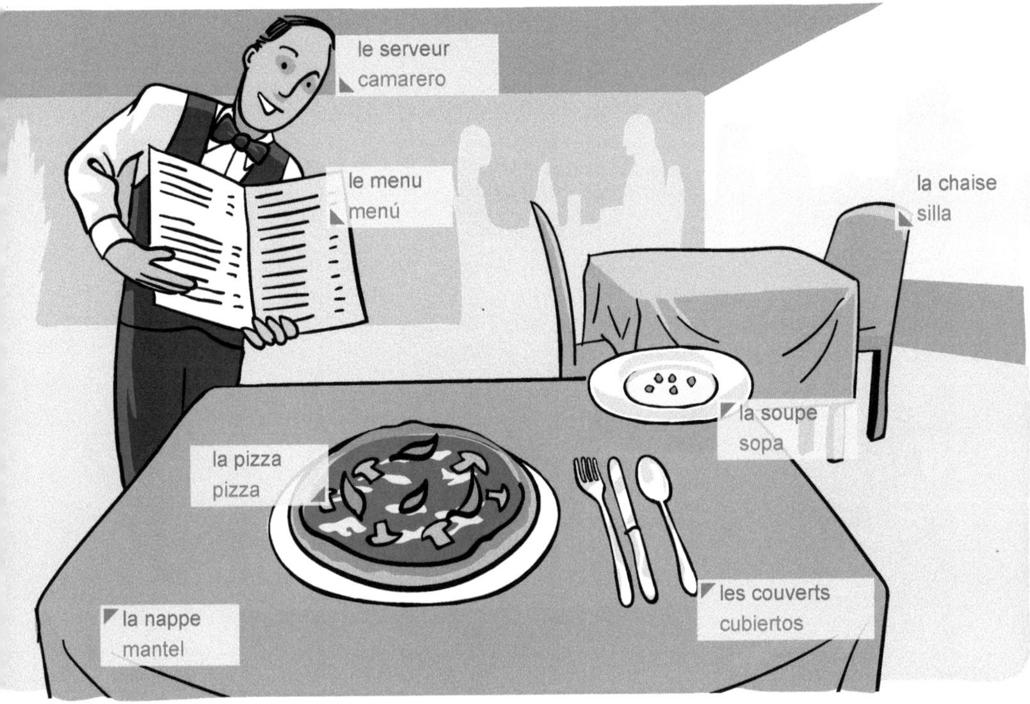
le serveur
camarero
le menu
menú
la chaise
silla
la soupe
sopa
la pizza
pizza
les couverts
cubiertos
la nappe
mantel

les hors d'œuvre

entrada

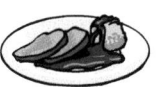

le plat principal

plato fuerte

le dessert

postre

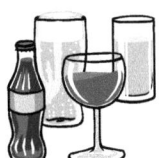

les boissons

bebidas

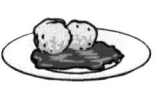

l'alimentation

comida

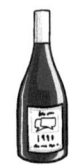

la bouteille

botella

le fast-food

comida rápida

les plats à emporter

comida de calle

la théière

tetera

le sucrier

azucarera

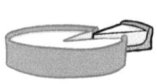

la portion

porción

la machine à expresso

cafetera espresso

la chaise haute

periquera

la facture

cuenta

le plateau

charola

le couteau

cuchillo

la fourchette

tenedor

la cuillère

cuchara

la cuillère à thé

cuchara de té

la serviette

servilleta

le verre

vaso

le restaurant - restaurante

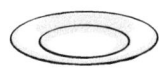

l'assiette

plato

l'assiette à soupe

plato hondo

la soucoupe

plato

la sauce

salsa

la salière

salero

le moulin à poivre

molino para pimienta

le vinaigre

vinagre

l'huile

aceite

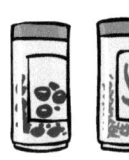

les épices

especias

le ketchup

kétchup

la moutarde

mostaza

la mayonnaise

mayonesa

le supermarché
supermercado

l'offre promotionnelle
oferta especial
FOR
le client
cliente
les produits laitiers
productos lácteos
les fruits
fruta
le chariot
carrito para compras

BUTCHERS

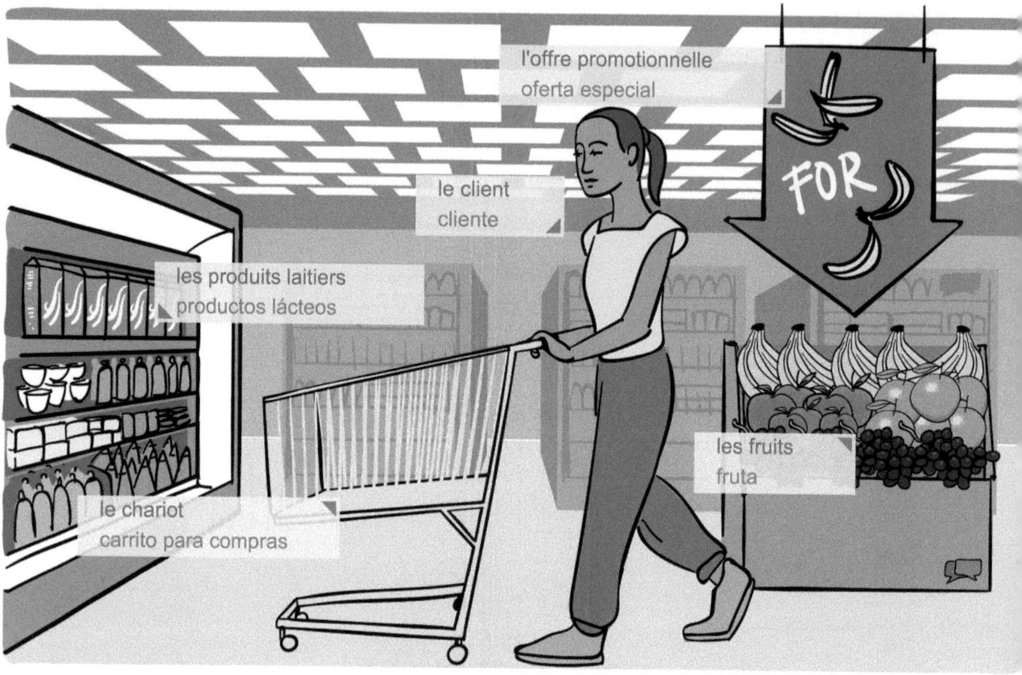

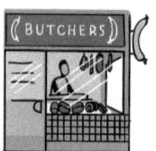

la boucherie

carnicería

BAKERY

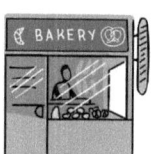

la boulangerie

panadería

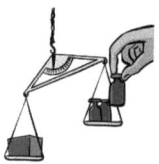

peser

pesar

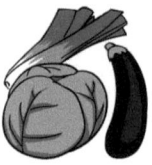

les légumes

vegetales

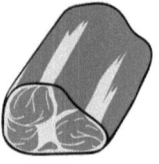

la viande

carne

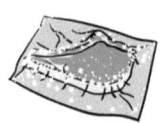

les aliments surgelés

alimentos congelados

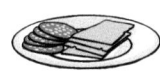

la charcuterie

carnes frías

les conserves

alimentos enlatados

la poudre à lessive

detergente en polvo

les bonbons

dulces

les articles ménagers

electrodomésticos

les détergents

productos de limpieza

la vendeuse

vendedora

la caisse

caja

le caissier

cajero

la liste d'achats

lista de compras

les heures d'ouverture

horario de atención al público

le portefeuille

cartera

la carte de crédit

tarjeta de crédito

le sac

bolsa

le sac en plastique

bolsa de plástico

l'eau

agua

le jus de fruit

jugo

le lait

leche

le coca

refresco de cola

le vin

vino

la bière

cerveza

l'alcool

alcohol

le chocolat chaud

cacao

le thé

té

le café

café

l'expresso

espresso

le cappuccino

cappuccino

la banane

plátano

la pomme

manzana

l'orange

naranja

le melon

melón

le citron.

limón

la carotte

zanahoria

l'ail

ajo

le bambou

bambú

l'oignon

cebolla

le champignon

champiñón

les noisettes

nueces

les pâtes

fideos

les spaghetti

espaguetis

le riz

arroz

la salade

ensalada

les pommes frites

patatas fritas

les pommes de terre rôties

patatas fritas

la pizza

pizza

le hamburger

hamburguesa

le sandwich

emparedado

l'escalope

filete

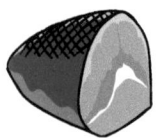

le jambon

jamón

le salami

salami

la saucisse

salchicha

le poulet

pollo

le rôti

asado

le poisson

pescado

les flocons d'avoine

copos de avena

le muesli

muesli

les cornflakes

copos de maíz

la farine

harina

le croissant

cuernito

les petits-pains

bolillo

le pain

pan

le pain grillé

tostada

les biscuits

galletas

le beurre

mantequilla

le fromage blanc

cuajada

le gâteau

pastel

l'œuf

huevo

l'œuf au plat

huevo frito

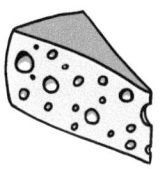

le fromage

queso

la glace

helado

le sucre

azúcar

le miel

miel

la confiture

mermelada

la crème nougat

crema de chocolate

le curry

curry

la ferme
granja

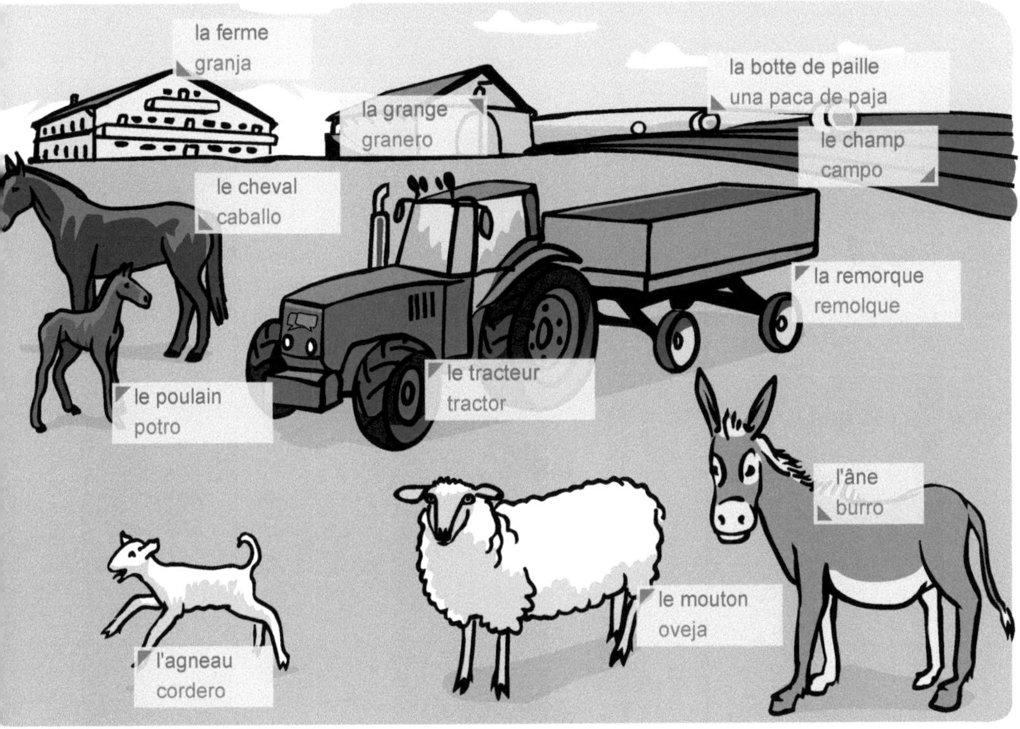
la ferme
granja
la botte de paille
una paca de paja
la grange
granero
le champ
campo
le cheval
caballo
la remorque
remolque
le tracteur
tractor
le poulain
potro
l'âne
burro
le mouton
oveja
l'agneau
cordero

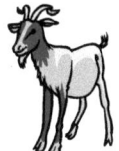

la chèvre
cabra

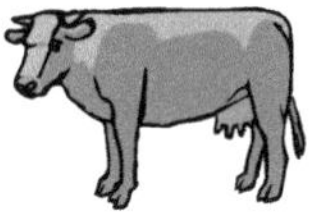
la vache
vaca

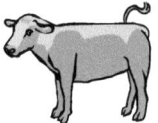

le veau
ternero

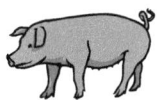

le porc
cerdo

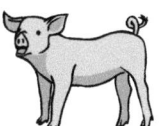

le porcelet
lechón

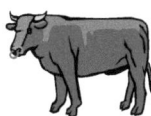

le taureau
toro

l'oie

ganso

le canard

pato

le poussin

pollo

la poule

gallina

le coq

gallo

le rat

rata

le chat

gato

la souris

ratón

le bœuf

buey

le chien

perro

le chenil

casa dperro

le tuyau de jardin

manguera

l'arrosoir

regadera

la faucheuse

guadaña

la charrue

arado

la faucille

hoz

la pioche

azadón

la fourche

horquilla

la hache

hacha

la brouette

carretilla

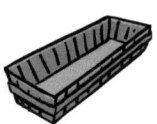

la cuve

bebedero

le pot à lait

bote de leche

le sac

saco

la clôture

valla

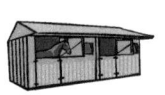

l'étable

establo

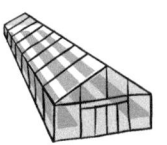

le serre

invernadero

le sol

suelo

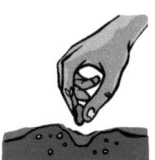

les semences

semilla

l'engrais

fertilizador

la moissonneuse-batteuse

cosechadora

récolter

cosechar

la récolte

cosecha

l'igname

camote

le blé

trigo

le soja

soja

la pomme de terre

patata

le maïs

maíz

le colza

semilde colza

l'arbre fruitier

árbol frutal

le manioc

mandioca

les céréales

cereales

la maison

casa

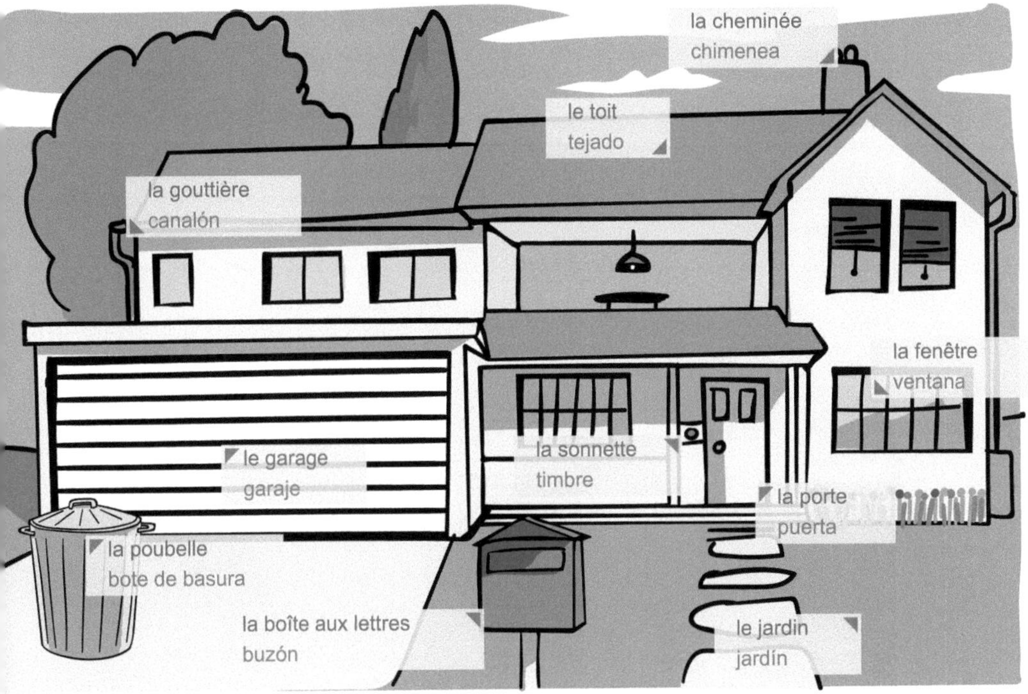

la cheminée
chimenea
le toit
tejado
la gouttière
canalón
la fenêtre
ventana
la sonnette
timbre
le garage
garaje
la porte
puerta
la poubelle
bote de basura
la boîte aux lettres
buzón
le jardin
jardín

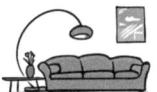

le salon

estancia

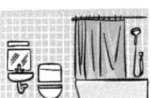

la salle de bain

baño

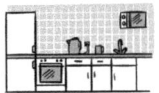

la cuisine

cocina

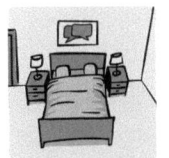

la chambre à coucher

recámara

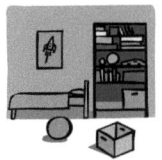

la chambre d'enfant

recámara de los niños

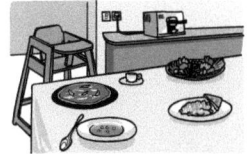

la salle à manger

comedor

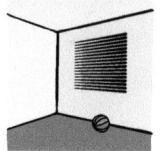

le sol

suelo

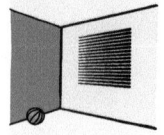

le mur

pared

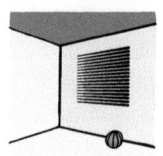

le plafond

techo

la cave

sótano

le sauna

sauna

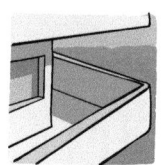

le balcon

balcón

la terrasse

terraza

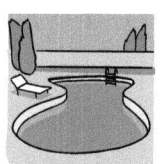

la piscine

alberca

la tondeuse à gazon

cortacésped

la housse

sábana

la couette

colcha

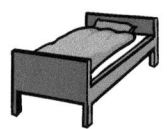

le lit

cama

le balai

escoba

le sceau

balde

l'interrupteur

interruptor

le salon
estancia

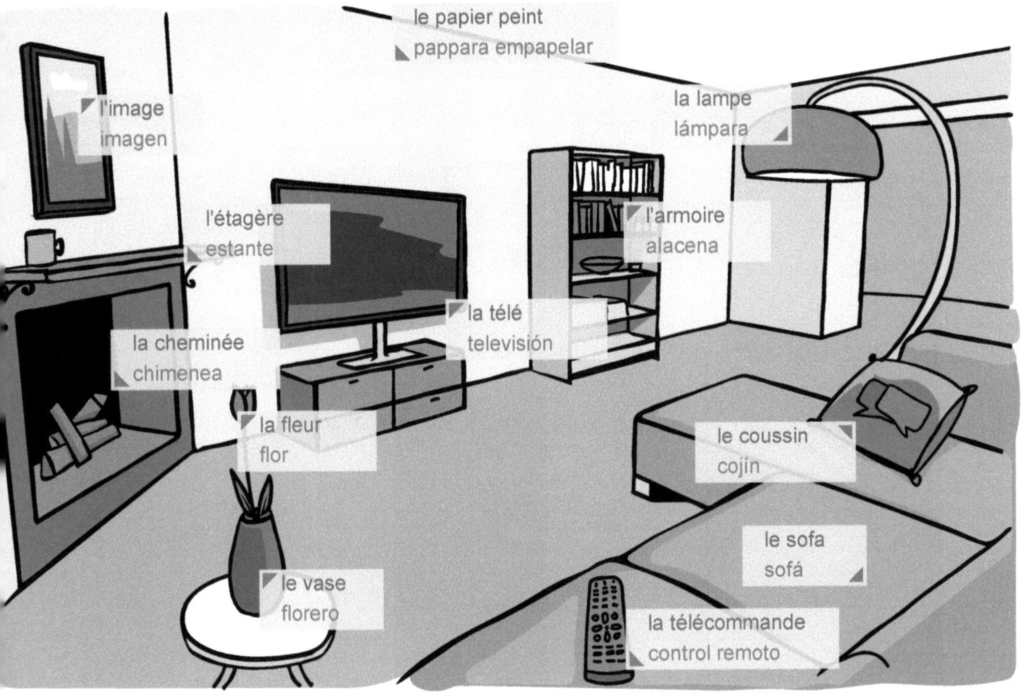

le papier peint
pappara empapelar
l'image
imagen
la lampe
lámpara
l'étagère
estante
l'armoire
alacena
la télé
televisión
la cheminée
chimenea
la fleur
flor
le coussin
cojín
le sofa
sofá
le vase
florero
la télécommande
control remoto

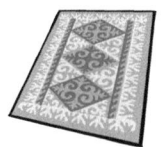

le tapis
alfombra

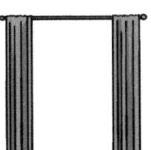

le rideau
cortina

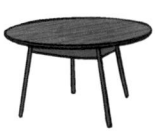

la table
mesa

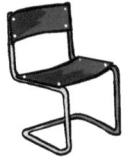

la chaise
silla

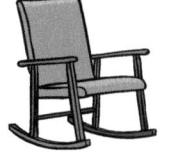

la chaise à bascule
mecedora

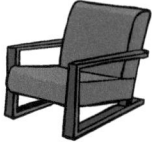

le fauteuil
sillón

le livre

libro

la couverture

frazada

la décoration

decoración

le bois de chauffage

leña

le film

película

la chaîne hi-fi

equipo de música

la clé

llave

le journal

periódico

la peinture

pintura

le poster

póster

la radio

radio

le bloc-notes

cuaderno

l'aspirateur

aspiradora

le cactus

cactus

la bougie

vela

la cuisine
cocina

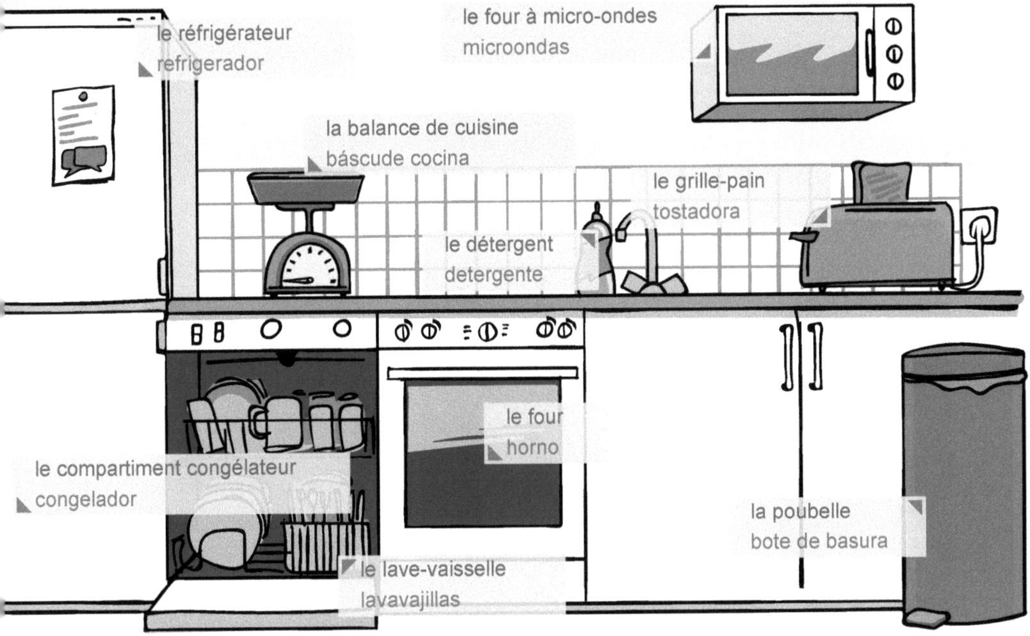
le réfrigérateur
refrigerador
le four à micro-ondes
microondas
la balance de cuisine
báscude cocina
le grille-pain
tostadora
le détergent
detergente
le four
horno
le compartiment congélateur
congelador
la poubelle
bote de basura
le lave-vaisselle
lavavajillas

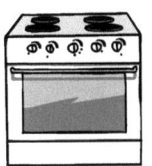

le four
opresión

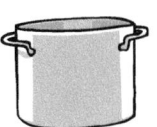

la casserole
olla

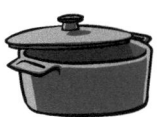

la marmite
olde hierro fundido

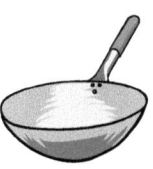

le wok / kadai
wok

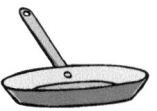

la poêle
sartén

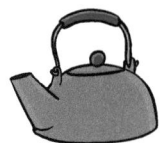

la bouilloire electrique
hervidor

le cuiseur vapeur

vaporera

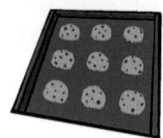

la plaque de cuisson

charode horno

la vaisselle

loza

le gobelet

taza

la coupe

bol

les baguettes

palillos

la louche

cucharón

la spatule

espátula

le fouet

batidora

la passoire

colador

le tamis

colador

la râpe

rallador

le mortier

mortero

le barbecue

barbacoa

la cheminée

fogata

la planche à découper

tabpara picar

le rouleau à pâtisserie

rodillo para amasar

le tire-bouchon

sacacorchos

la boîte

lata

l'ouvre-boîte

abrelatas

les maniques

guante de cocina

le lavabo

fregadero

la brosse

cepillo

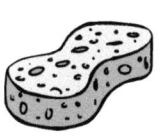

l'éponge

esponja

le mixeur

batidora

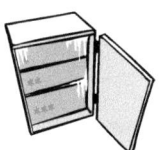

le congélateur

congelador

le biberon

biberón

le robinet

llave

la salle de bain
baño

le chauffage
calefacción
la douche
ducha
la serviette
toalla
le rideau de douche
cortina de ducha
le bain moussant
baño de espuma
la baignoire
tina
le verre
vaso
la machine à laver
lavadora
le robinet
llave
le carrelage
baldosas
le pot
bacinica
le lavabo
fregadero

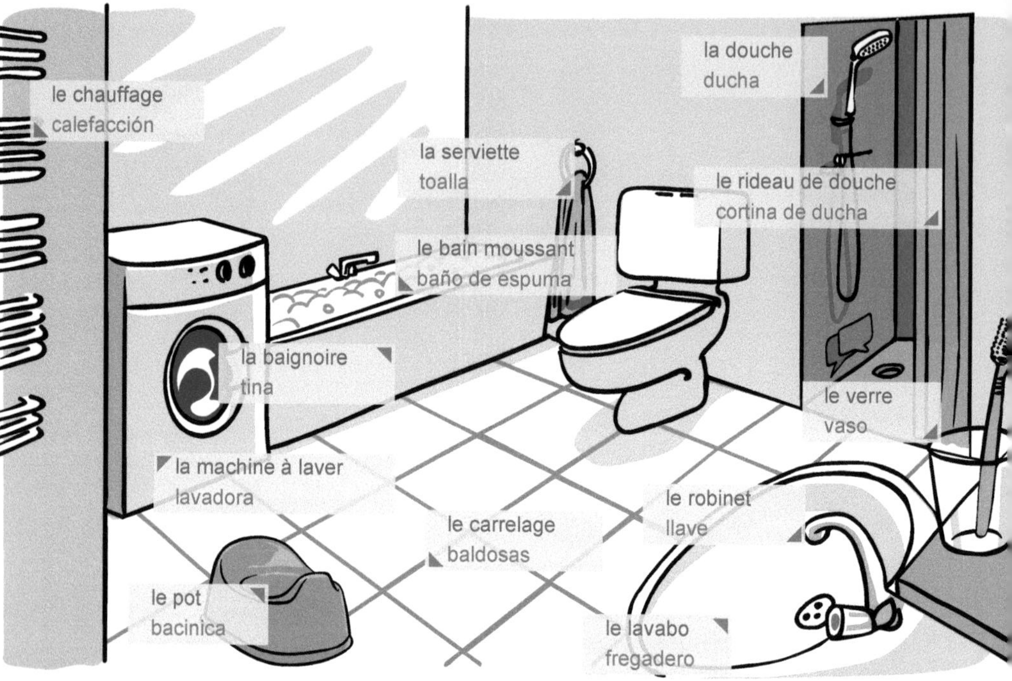

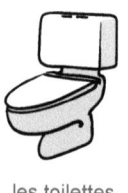

les toilettes
inodoro

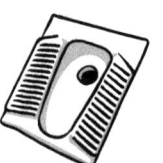

la toilette à la turque
letrina

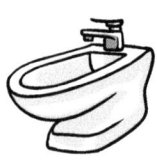

le bidet
bidé

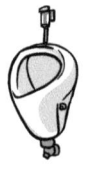

l'urinoir
mingitorio

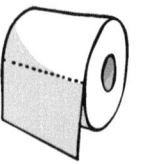

le papier toilette
paphigiénico

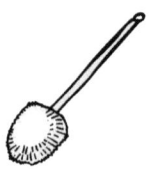

la brosse à toilette
cepillo para baño

la brosse à dents

cepillo de dientes

le dentifrice

pasta dental

le fil dentaire

hilo dental

laver

lavar

la douche manuelle

ducha de mano

la douche intime

ducha vaginal

la vasque

fregadero

la brosse dorsale

cepillo de espalda

le savon

jabón

le gel douche

gde ducha

le shampooing

champú

le gant de toilette

toallita

l'écoulement

drenaje

la crème

crema

le déodorant

desodorante

le miroir

espejo

le miroir cosmétique

espejo de tocador

le rasoir

máquina para afeitar

la mousse à raser

espuma de afeitar

l'après-rasage

loción para después de afeitar

la peigne

peine

la brosse

cepillo

le sèche-cheveux

secadora

la laque pour cheveux

laca

le fond de teint

maquillaje

le rouge à lèvres

lápiz labial

le vernis à ongles

esmalte para uñas

l'ouate

algodón

le coupe-ongles

tijeras para uñas

le parfum

perfume

la trousse de toilette

estuche para cosméticos

le tabouret

taburete

le pèse-personne

báscula

le peignoir

bata

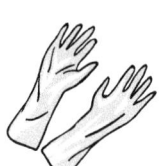

les gants de nettoyage

guantes de goma

le tampon

tampón

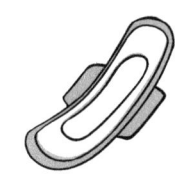

les serviettes hygiéniques

toalsanitaria

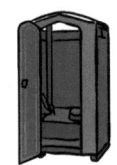

la toilette chimique

baño móvil

la salle de bain - baño

la chambre d'enfant

recámara de los niños

le réveil
despertador
le doudou
peluche
la voiture jouet
carro de juguete
le hochet
sonaja
la maison de poupée
casa de muñecas
le cadeau
regalo

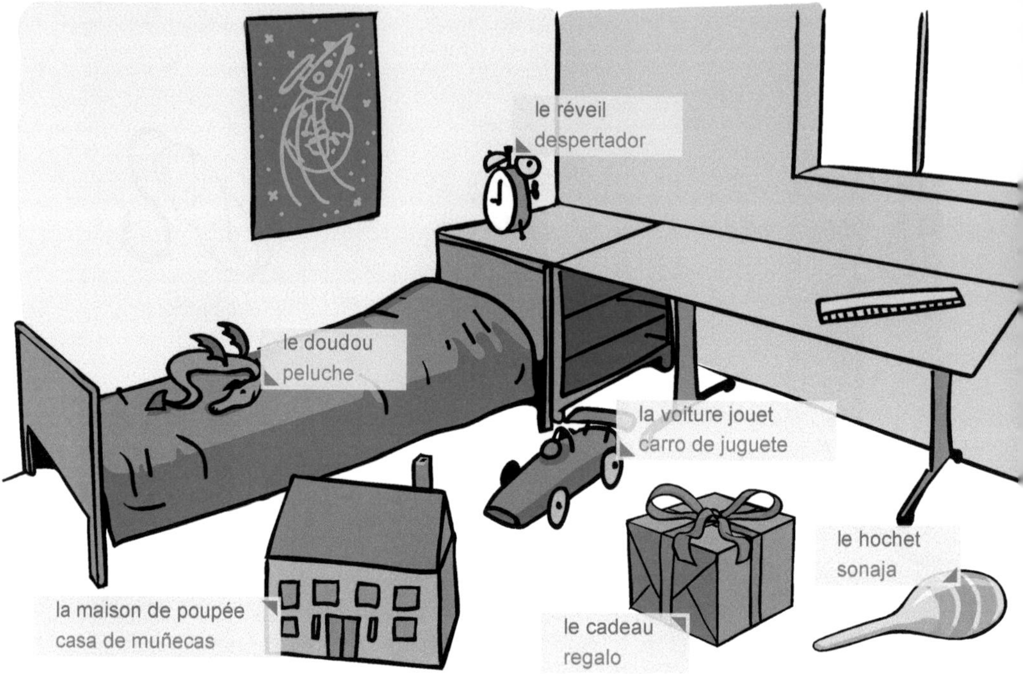

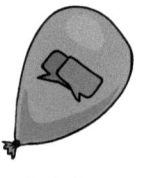

le ballon

globo

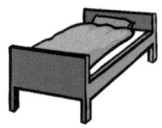

le lit

cama

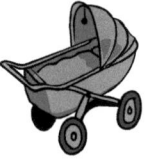

la poussette

carriola

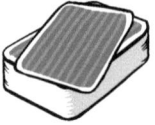

le jeu de cartes

cartas

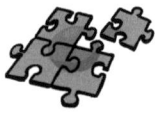

le puzzle

rompecabezas

SUPER
MEGA

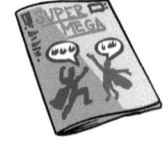

la bande dessinée

cómic

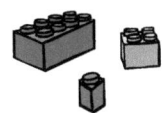

les pièces lego

piezas de lego

les blocs de construction

bloques para jugar

la figurine

figura de acción

la grenouillère

mameluco

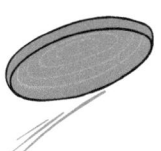

le frisbee

frisbee

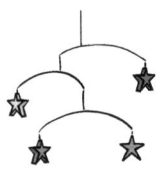

le mobile

móvil para bebés

le jeu de société

juego de mesa

le dé

dados

le train miniature

tren eléctrico

la sucette

maniquí

la fête

fiesta

le livre d'images

álbum de fotos

la balle

balón

la poupée

muñeca

jouer

jugar

le bac à sable

arenero

la balançoire

columpio

les jouets

juguetes

la console de jeu

consode videojuegos

le tricycle

triciclo

l'ours en peluche

oso de peluche

l'armoire

clóset

les vêtements

ropa

les chaussettes

calcetines

les bas

pantimedias

le collant

mallas

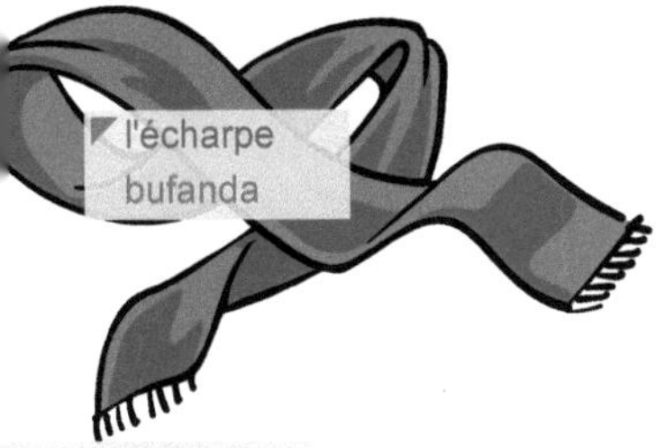

l'écharpe
bufanda

le parapluie
paraguas

le t-shirt
playera

la ceinture
cinto

les bottes
botas

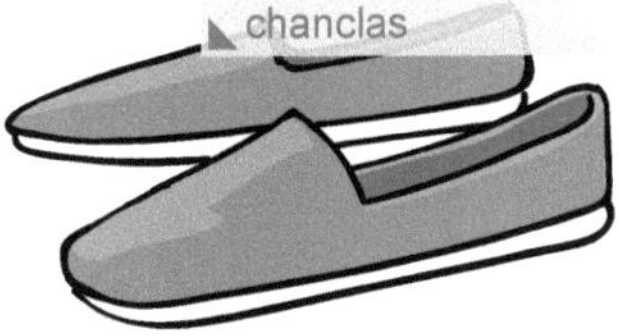

les pantoufles
chanclas

les baskets
tenis

les sandales
....
sandalias

les chaussures
....
zapatos

les bottes de caoutchouc
....
botas de goma

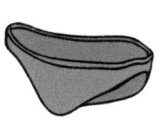
les sous-vêtements
....
ropa interior

le soutien-gorge
....
brasier

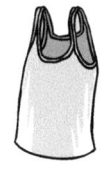
le maillot de corps
....
chaleco

le body

body

le pantalon

pantalones

le jean

pantalones de mezclilla

la jupe

falda

le chemisier

blusa

la chemise

camisa

le pull

suéter

le sweat à capuche

sudadera

la veste

saco sport

la veste

chamarra

le manteau

abrigo

l'imperméable

impermeable

le costume

traje

la robe

vestido

la robe de mariée

vestido de novia

les vêtements - ropa

le costume

traje

la chemise de nuit

camisón

le pyjama

pijama

le sari

sari

le foulard

pañuelo para cabeza

le turban

turbante

la burqa

burka

le caftan

caftán

l'abaya

abaya

le maillot de bain

traje de baño

le maillot de bain

short de baño

le short

shorts

la tenue d'entraînement

pants

le tablier

delantal

les gants

guantes

les vêtements - ropa

le bouton

botón

les lunettes

gafas

le bracelet

brazalete

le collier

collar

la bague

anillo

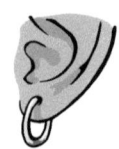

la boucle d'oreille

arete

le bonnet

gorra

le cintre

gancho

le chapeau

sombrero

la cravate

corbata

la fermeture éclair

cierre

le casque

casco

les bretelles

tirantes

l'uniforme scolaire

uniforme

l'uniforme

uniforme

les vêtements - ropa

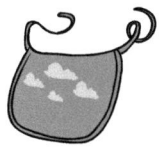

le bavoir

babero

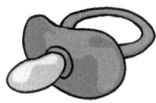

la sucette

maniquí

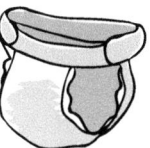

la lange

pañal

le bureau
oficina

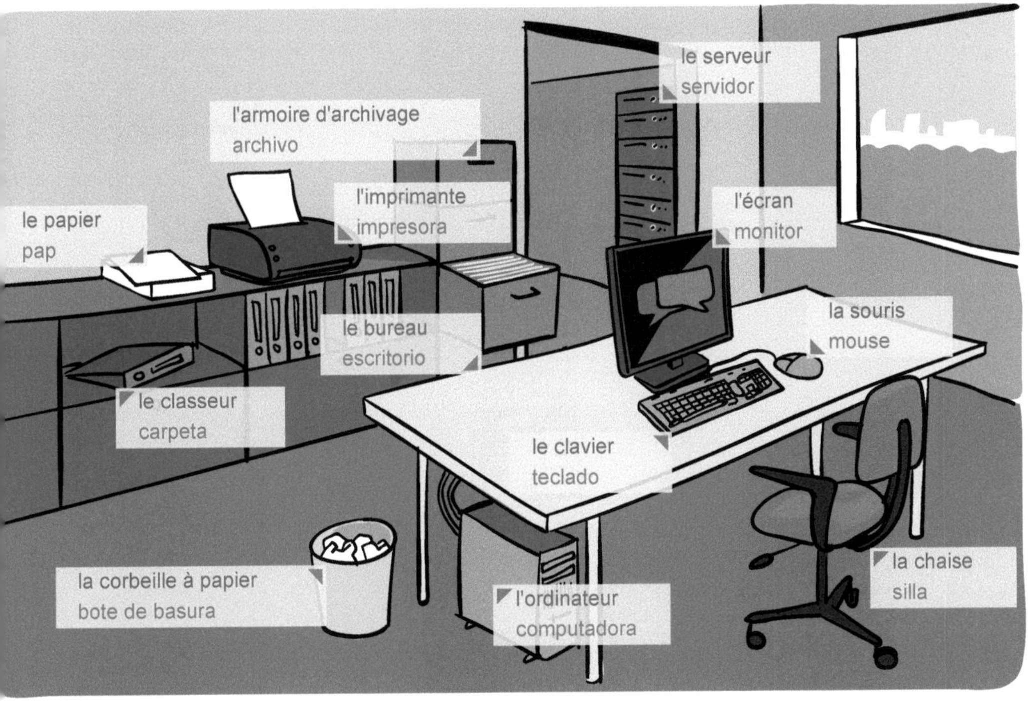

le serveur
servidor
l'armoire d'archivage
archivo
l'imprimante
impresora
le papier
pap
l'écran
monitor
la souris
mouse
le bureau
escritorio
le classeur
carpeta
le clavier
teclado
la chaise
silla
la corbeille à papier
bote de basura
l'ordinateur
computadora

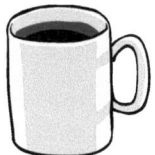

la tasse de café

taza de café

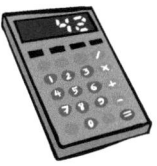

la calculatrice

calculadora

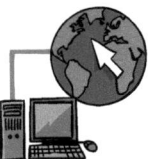

l'internet

internet

l'ordinateur portable
notebook

la lettre
carta

le message
mensaje

le portable
móvil

le réseau
red

la photocopieuse
fotocopiadora

le logiciel
software

le téléphone
teléfono

la prise
tomacorriente

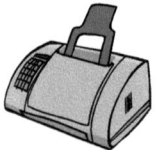

le fax
fax

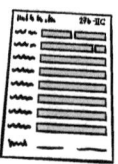

le formulaire
formulario

le document
documento

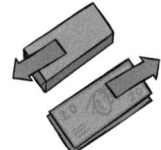

acheter

comprar

payer

pagar

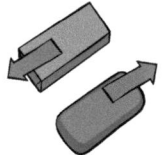

faire du commerce

hacer negocios

la monnaie

dinero

le dollar

dólar

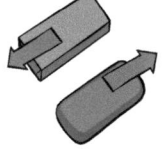

l'euro

euro

le yen

yen

le rouble

rublo

le franc suisse

franco suizo

le renminbi yuan

yuan

la roupie

rupia

le distributeur automatique

cajero automático

le bureau de change

casa de cambio

l'or

oro

l'argent

plata

le pétrole

petróleo

l'énergie

energía

le prix

precio

le contrat

contrato

la taxe

impuesto

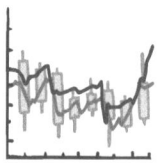

l'action

acción

travailler

trabajar

l'employé

empleado

l'employeur

empleador

l'usine

fábrica

le magasin

tienda

les professions
ocupaciones

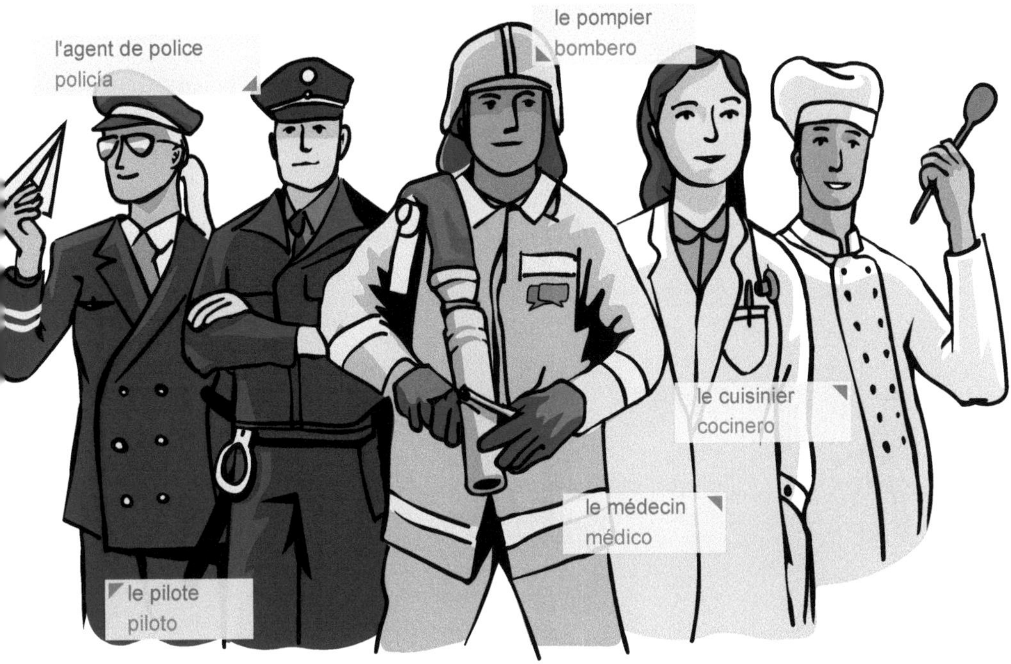
l'agent de police
policía
le pompier
bombero
le cuisinier
cocinero
le médecin
médico
le pilote
piloto

le jardinier
jardinero

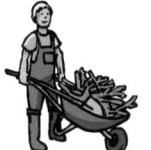

le menuisier
carpintero

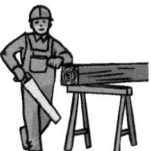

la couturière
costurera

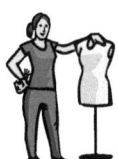

le juge
juez

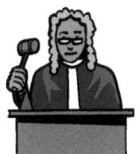

le chimiste
farmacéutico

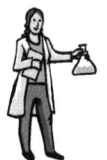

l'acteur
actor

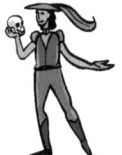

le conducteur de bus

conductor de autobús

le chauffeur de taxi

taxista

le pêcheur

pescador

la femme de ménage

señora de limpieza

le couvreur

instalador de techos

le serveur

camarero

le chasseur

cazador

le peintre

pintor

le boulanger

panadero

l'électricien

electricista

l'ouvrier

obrero

l'ingénieur

ingeniero

le boucher

carnicero

le plombier

plomero

le facteur

cartero

les professions - ocupaciones

le soldat

soldado

l'architecte

arquitecto

le caissier

cajero

le fleuriste

florista

le coiffeur

peluquero

le contrôleur

cobrador

le mécanicien

mecánico

le capitaine

capitán

le dentiste

dentista

le scientifique

científico

le rabbin

rabino

l'imam

imán

le moine

monje

le prêtre

sacerdote

les professions - ocupaciones

les outils
herramientas

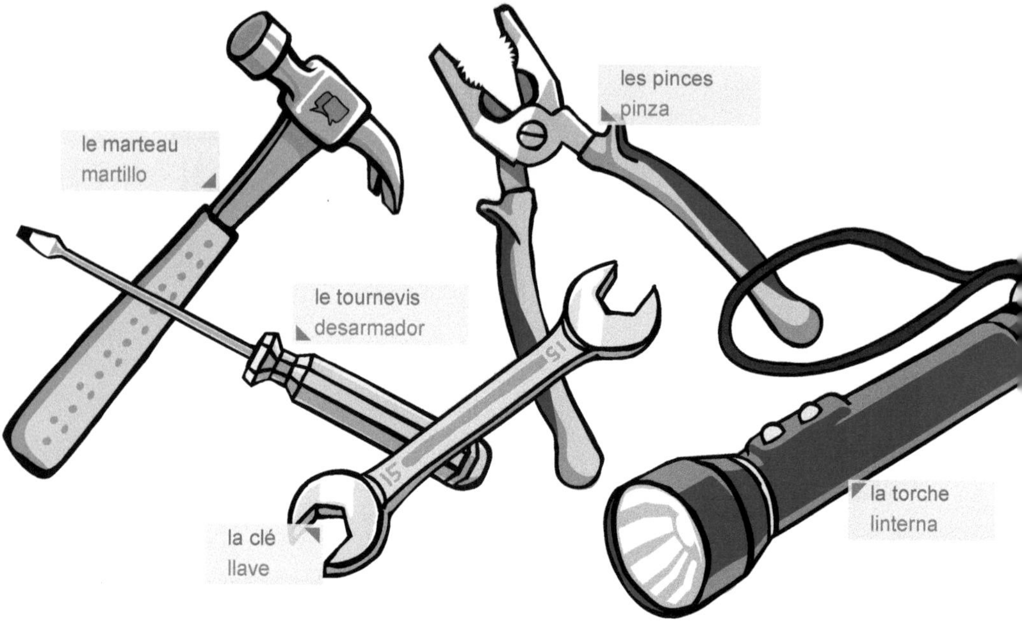
les pinces
pinza
le marteau
martillo
le tournevis
desarmador
la torche
linterna
la clé
llave

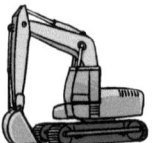

la pelleteuse

excavadora

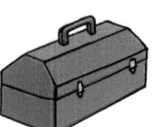

la boîte à outils

caja de herramientas

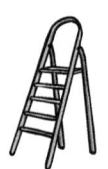

l'échelle

escalera de mano

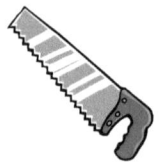

la scie

sierra

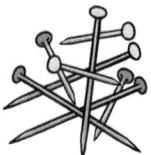

les clous

clavos

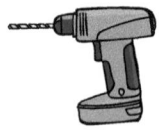

la perceuse

taladro

réparer

reparar

la pelle

pala

Mince !

¡Maldición!

la pelle

recogedor

le pot de peinture

bote de pintura

les vis

tornillos

les instruments de musique
instrumentos musicales

le haut-parleurs
altavoz

la batterie
batería

la guitare
guitarra

la contrebasse
contrabajo

la trompette
trompeta

le piano

piano

le violon

violín

la basse

bajo

les timbales

timbales

le tambour

tambor

le piano électrique

teclado

le saxophone

saxofón

la flûte

flauta

le microphone

micrófono

les instruments de musique - instrumentos musicales

le zoo

zoológico

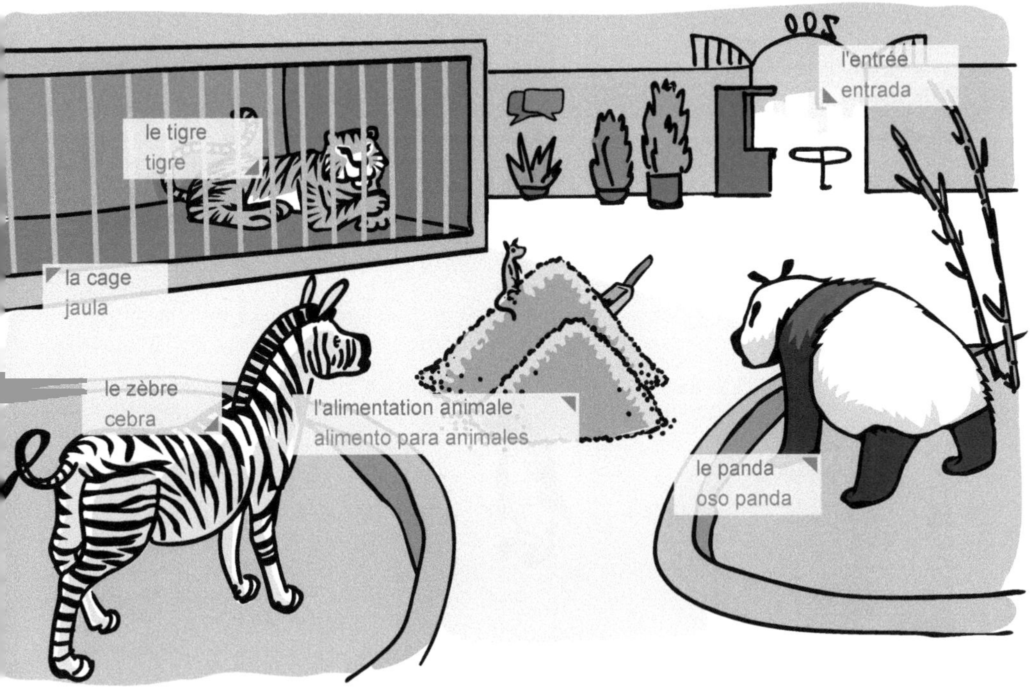

l'entrée
entrada

le tigre
tigre

la cage
jaula

le zèbre
cebra

l'alimentation animale
alimento para animales

le panda
oso panda

les animaux

animales

l'éléphant

elefante

le kangourou

canguro

le rhinocéros

rinoceronte

le gorille

gorila

l'ours

oso

le chameau

camello

l'autruche

avestruz

le lion

león

le singe

mono

le flamand rose

flamenco

le perroquet

loro

l'ours polaire

oso polar

le pingouin

pingüino

le requin

tiburón

le paon

pavo real

le serpent

serpiente

le crocodile

cocodrilo

le gardien de zoo

guardián de zoológico

le phoque

foca

le jaguar

jaguar

le poney

poni

le léopard

leopardo

l'hippopotame

hipopótamo

la girafe

jirafa

l'aigle

águila

le sanglier

jabalí

le poisson

pescado

la tortue

tortuga

le morse

morsa

le renard

zorro

la gazelle

gacela

le zoo - zoológico

l'american Football
fútbol americano

le cyclisme
ciclismo

le tennis
tenis

le basket-ball
baloncesto

la natation
natación

la boxe
boxeo

le hockey sur glace
hockey sobre hielo

le football

fútbol

le badminton

bádminton

l'athlétisme

atletismo

le handball

handball

le ski

esquí

le polo

polo

les activités
actividades

rire
reír
sauter
saltar
embrasser
abrazar
marcher
caminar
chanter
cantar
rêver
soñar
prier
rezar
faire la bise
besar

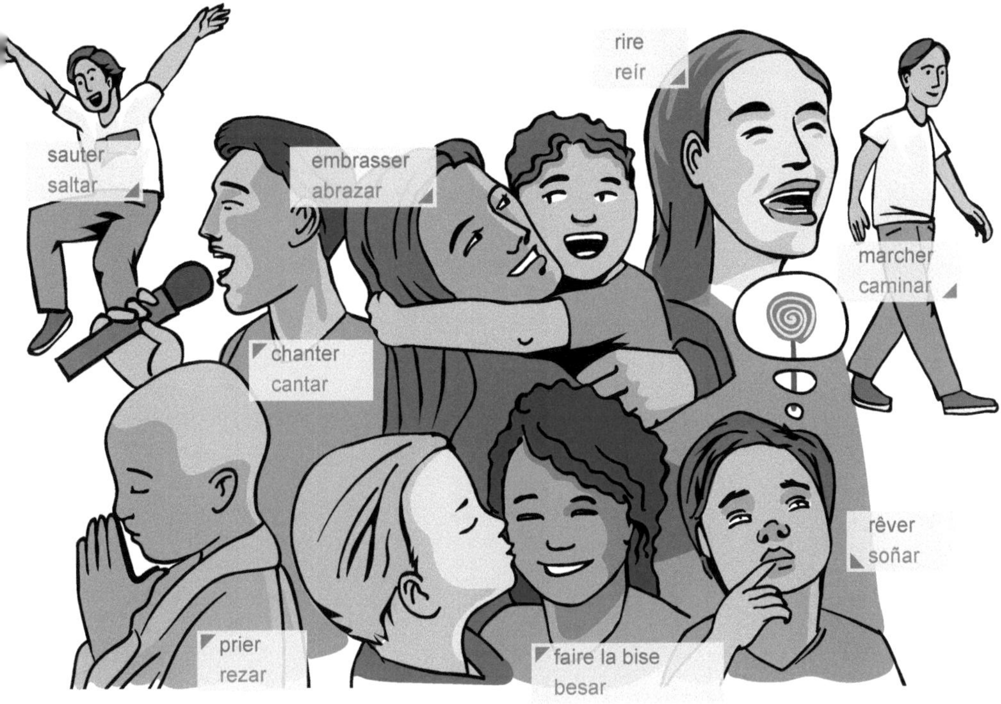

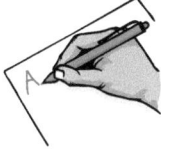

écrire

escribir

dessiner

dibujar

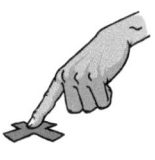

montrer

mostrar

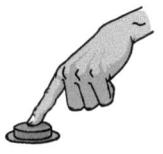

pousser

empujar

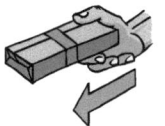

donner

dar

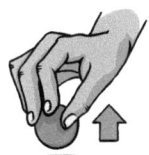

prendre

tomar

avoir

tener

faire

hacer

être

ser

être debout

estar parado

courir

correr

trier

jalar

jeter

arrojar

tomber

caer

être couché

estar acostado

attendre

esperar

porter

llevar

être assis

estar sentado

s'habiller

vestirse

dormir

dormir

se réveiller

despertar

regarder

mirar

pleurer

llorar

caresser

acariciar

peigner

peinar

parler

hablar

comprendre

entender

demander

preguntar

écouter

escuchar

boire

beber

manger

comer

ranger

ordenar

aimer

amar

cuire

cocinar

conduire

conducir

voler

volar

les activités - actividades

faire de la voile

navegar

calculer

calcular

lire

leer

apprendre

aprender

travailler

trabajar

se marier

casarse

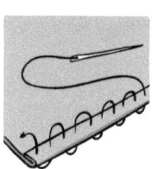

coudre

coser

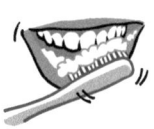

brosser les dents

cepillarse los dientes

tuer

matar

fumer

fumar

envoyer

enviar

les activités - actividades

la famille
familia

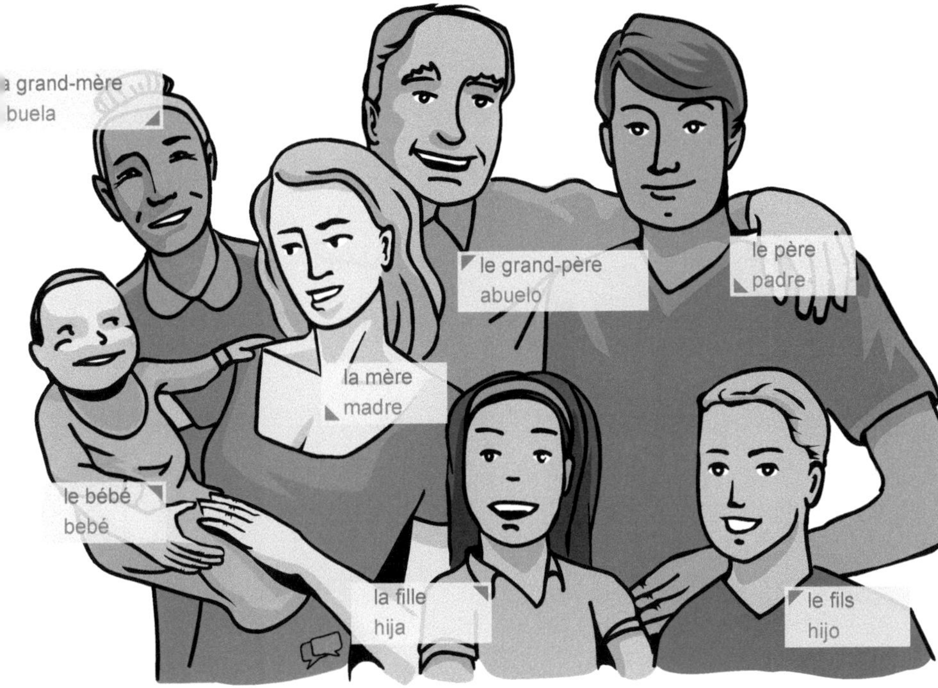

a grand-mère
buela
le grand-père
abuelo
le père
padre
la mère
madre
le bébé
bebé
la fille
hija
le fils
hijo

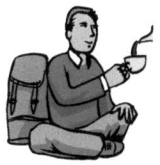

l'hôte
invitado

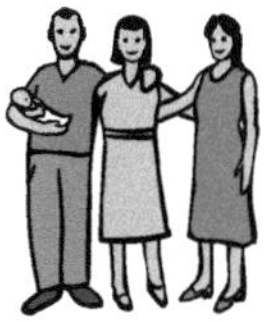

la tante
tía

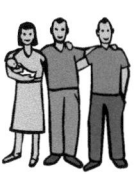

l'oncle
tío

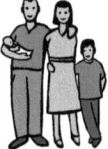

le frère
hermano

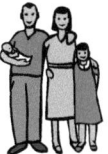

la sœur
hermana

le corps
cuerpo

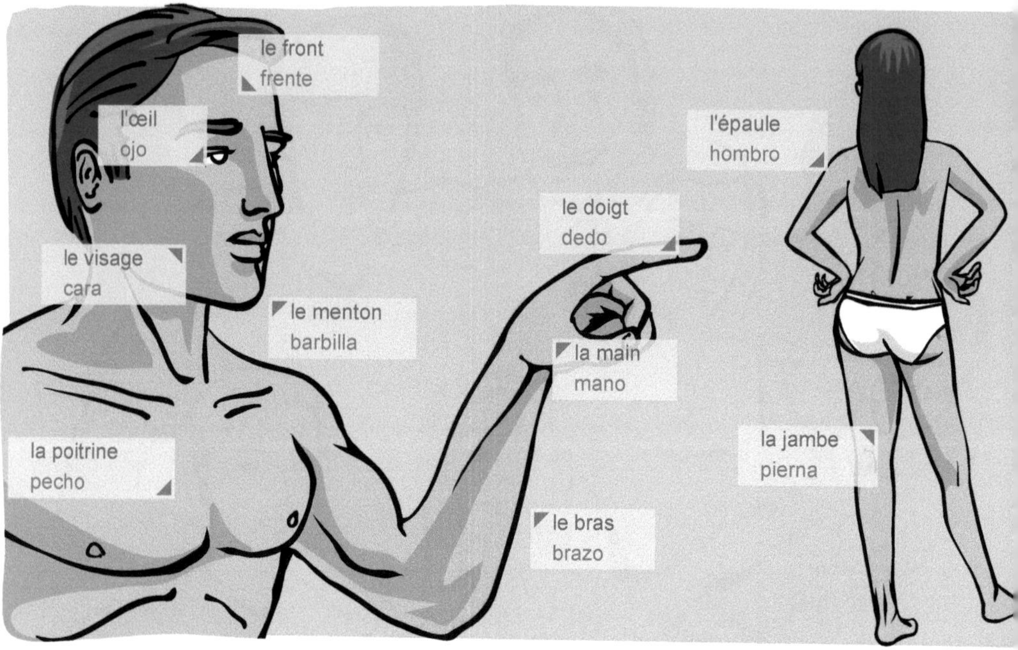

le front
frente

l'œil
ojo

l'épaule
hombro

le doigt
dedo

le visage
cara

le menton
barbilla

la main
mano

la poitrine
pecho

la jambe
pierna

le bras
brazo

le bébé
bebé

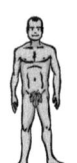

l'homme
hombre

la femme
mujer

la fille
niña

le garçon
niño

la tête
cabeza

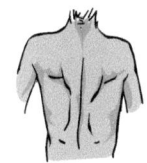

le dos

espalda

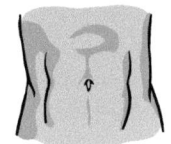

le ventre

barriga

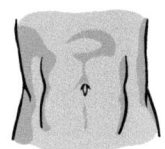

le nombril

ombligo

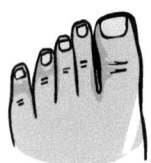

l'orteil

dedo dpie

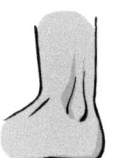

le talon

talón

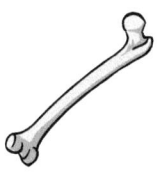

l'os

hueso

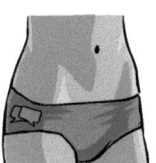

la hanche

cadera

le genou

rodilla

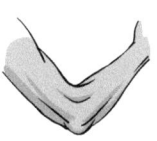

le coude

codo

le nez

nariz

les fesses

pompis

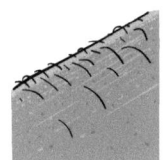

la peau

piel

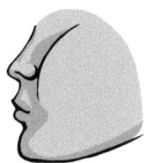

la joue

mejilla

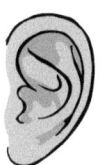

l'oreille

oído

la lèvre

labio

la bouche
boca

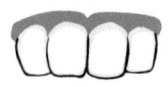

la dent
diente

la langue
lengua

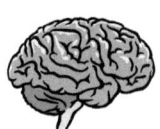

le cerveau
cerebro

le cœur
corazón

le muscle
músculo

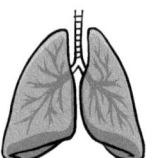

les poumons
pulmón

le foie
hígado

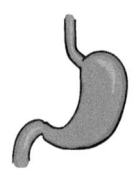

l'estomac
estómago

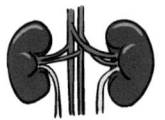

les reins
riñones

le rapport sexuel
sexo

le préservatif
condón

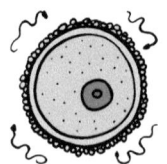

l'ovule
óvulo

le sperme
semen

la grossesse
embarazo

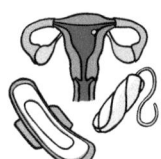

la menstruation

menstruación

le vagin

vagina

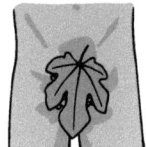

le pénis

pene

le sourcil

ceja

les cheveux

cabello

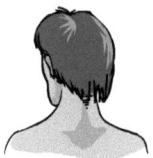

le cou

cuello

l'hôpital
hospital

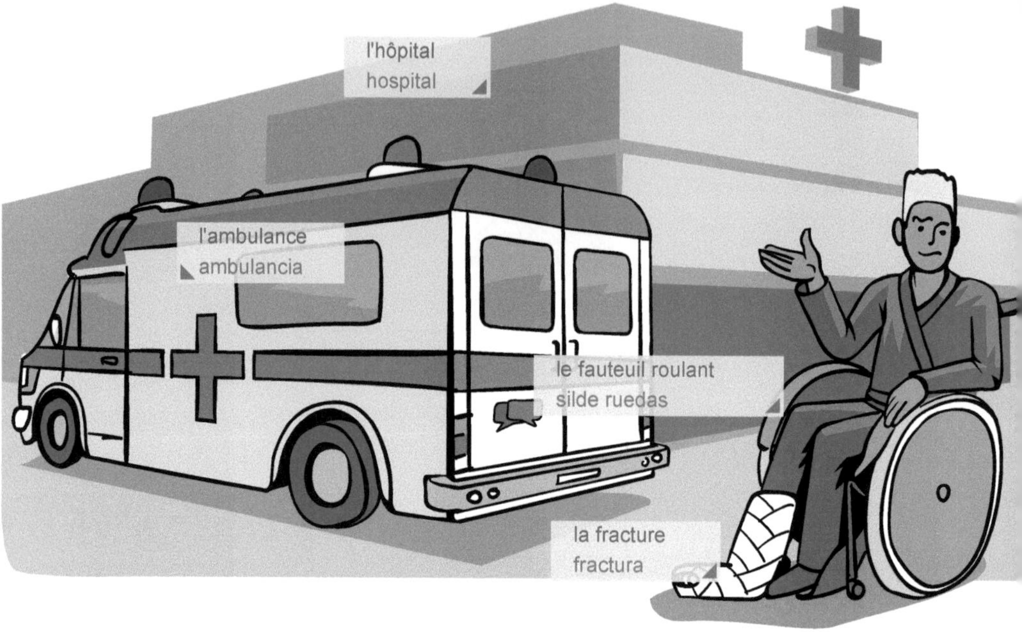

l'hôpital
hospital

l'ambulance
ambulancia

le fauteuil roulant
silde ruedas

la fracture
fractura

le médecin

médico

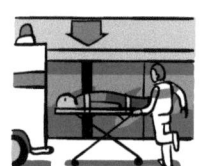

le service des urgences

sade emergencias

l'infirmière

enfermera

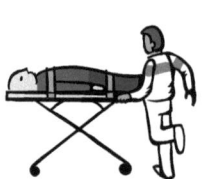

l'urgence

emergencia

inconscient

inconsciente

la douleur

dolor

la blessure

lesión

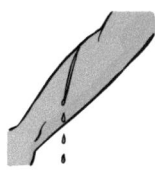

l'hémorragie

hemorragia

la crise cardiaque

infarto

l'attaque cérébrale

accidente cerebrovascular

l'allergie

alergia

la toux

tos

la fièvre

fiebre

la grippe

gripa

la diarrhée

diarrea

le mal de tête

dolor de cabeza

le cancer

cáncer

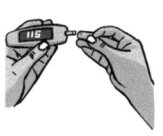

le diabète

diabetes

le chirurgien

cirujano

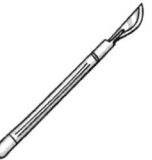

le scalpel

bisturí

l'opération

operación

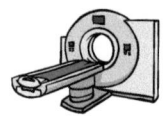

le CT

TC

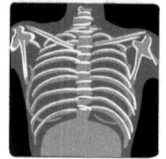

la radiographie

rayos x

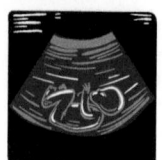

l'échographie

ultrasonido

le masque

mascarilla

la maladie

enfermedad

la salle d'attente

sade espera

la béquille

muleta

le pansement

vendita

le pansement

vendaje

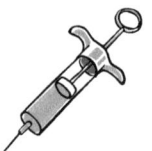

l'injection

inyección

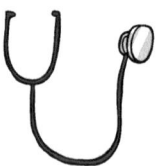

le stéthoscope

estetoscopio

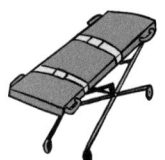

le brancard

camilla

le thermomètre

termómetro

l'accouchement

nacimiento

la surcharge pondérale

sobrepeso

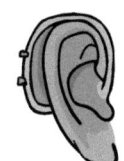

l'appareil auditif

audífono

le désinfectant

desinfectante

l'infection

infección

le virus

virus

le VIH / le sida

VIH / SIDA

le médicament

medicina

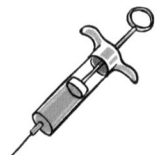

la vaccination

vacunación

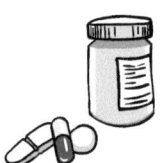

les comprimés

tabletas

la pilule

pastilanticonceptiva

l'appel d'urgence

llamada de emergencia

le tensiomètre

medidor de presión

malade / sain

enfermo / sano

Au secours !

¡Socorro!

l'alarme

alarma

l'assaut

agresión

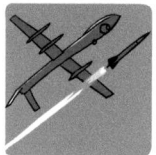

l'attaque

ataque

le danger

peligro

la sortie de secours

salida de emergencia

Au feu!

¡Fuego!

l'extincteur

extintor de incendios

l'accident

accidente

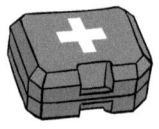

la trousse de premier
secours

botiquín de primeros
auxilios

SOS

SOS

la police

policía

l'Europe

Europa

l'Amérique du Nord

Norteamérica

l'Amérique du Sud

Sudamérica

l'Afrique

África

l'Asie

Asia

l'Australie

Australia

l'Océan atlantique

Atlántico

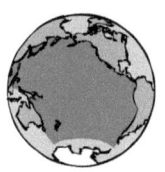

l'Océan pacifique

Pacífico

l'Océan indien

Océano Índico

l'Océan antarctique

Océano Antártico

l'Océan arctique

Océano Ártico

le Pôle nord

polo norte

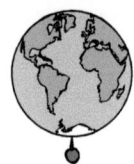

le Pôle sud

polo sur

l'Antarctique

Antártida

la terre

tierra

le pays

tierra

la mer

mar

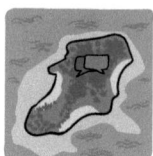

l'île

isla

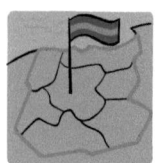

la nation

nación

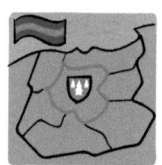

l'état

estado

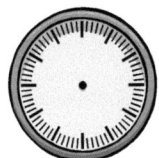

le cadran

esfera

l'aiguille des heures

manecilde las horas

l'aiguille des minutes

minutero

l'aiguille des secondes

segundero

Quelle heure est-il ?

¿Qué hora es?

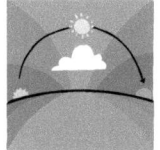

le jour

día

le temps

hora

maintenant

ahora

la montre digitale

reloj digital

la minute

minuto

l'heure

hora

la semaine

semana

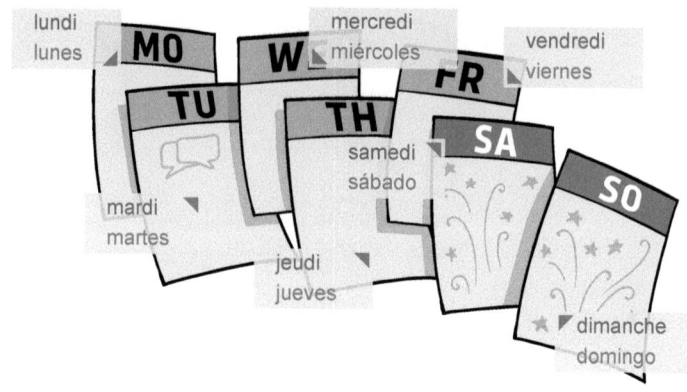

lundi
lunes

mercredi
miércoles

vendredi
viernes

samedi
sábado

mardi
martes

jeudi
jueves

dimanche
domingo

hier
....
ayer

aujourd'hui
....
hoy

demain
....
mañana

le matin
....
mañana

le midi
....
mediodía

le soir
....
tarde

MO	TU	WE	TH	FR	SA	SU
1	2	3	4	5	6	7
8	9	10	11	12	13	14
15	16	17	18	19	20	21
22	23	24	25	26	27	28
29	30	31	1	2	3	4

les jours ouvrables
....
días laborables

MO	TU	WE	TH	FR	SA	SU
1	2	3	4	5	6	7
8	9	10	11	12	13	14
15	16	17	18	19	20	21
22	23	24	25	26	27	28
29	30	31	1	2	3	4

le week-end
....
fin de semana

l'année
año

la pluie
lluvia
l'arc-en-ciel
arco iris
la neige
nieve
le vent
viento
le printemps
primavera
l'automne
otoño
l'été
verano
l'hiver
invierno

4.APRIL 11°
5.APRIL 4°
6.APRIL 13°
7.APRIL 8°
8.APRIL 10°

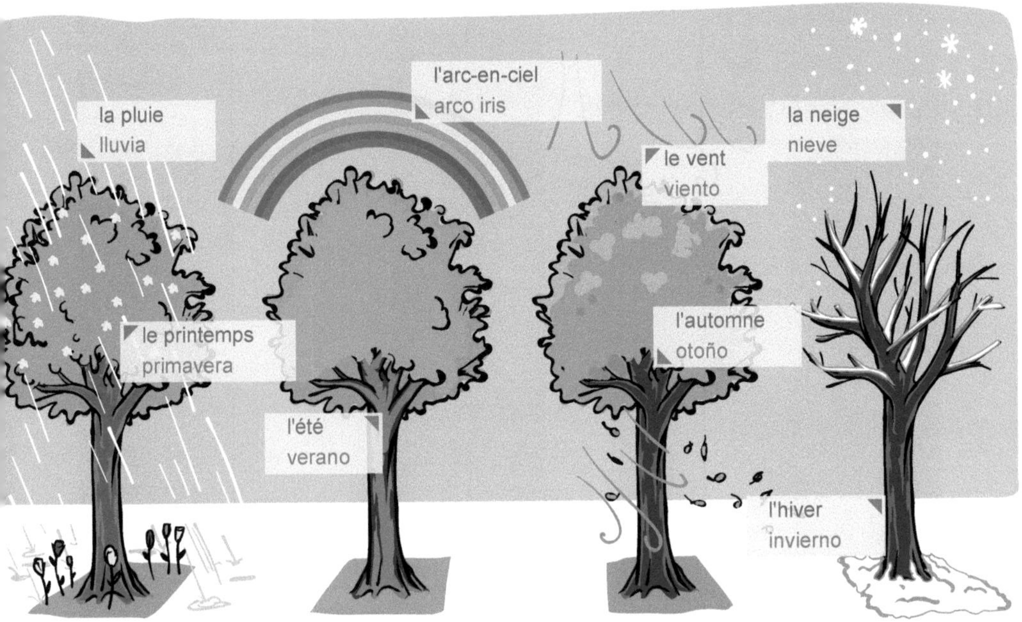

la météo
pronóstico dtiempo

F
C
120
90
60
30
0
-30
40
30
20
10
0
-10
-20

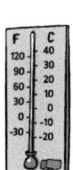

le thermomètre
termómetro

la lumière du soleil
sol

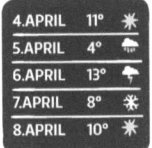

le nuage
nube

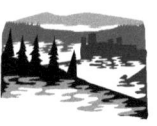

le brouillard
niebla

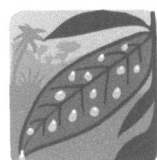

l'humidité
humedad

la foudre

rayo

la tonnerre

trueno

la tempête

tormenta

la grêle

granizo

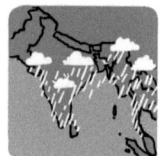

la mousson

monzón

l'inondation

inundación

la glace

hielo

janvier

enero

février

febrero

mars

marzo

avril

abril

mai

mayo

juin

junio

juillet

julio

août

agosto

l'année - año

septembre
....
septiembre

octobre
....
octubre

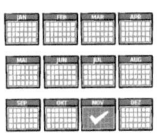

novembre
....
noviembre

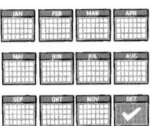

décembre
....
diciembre

les formes

formas

le cercle
....
círculo

le carré
....
cuadrado

le rectangle
....
rectángulo

le triangle
....
triángulo

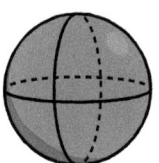

la sphère
....
esfera

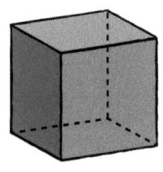

le cube
....
cubo

blanc
....
blanco

jaune
....
amarillo

orange
....
naranja

rose
....
rosa

rouge
....
rojo

violet
....
morado

bleu
....
azul

vert
....
verde

marron
....
marrón

gris
....
gris

noir
....
negro

beaucoup / peu

mucho / poco

fâché / calme

enojado / tranquilo

joli / laid

bonito / feo

le début / la fin

principio / fin

grand / petit

grande / pequeño

clair / obscure

claro / oscuro

frère / soeur

hermano / hermana

propre / sale

limpio / sucio

complet / incomplet

completo / incompleto

le jour / la nuit

día / noche

mort / vivant

muerto / vivo

large / étroit

ancho / angosto

comestible / incomestible

comestible / no comestible

méchant / gentil

malo / amable

excité / ennuyé

entusiasmado / aburrido

gros / mince

gordo / delgado

le premier / le dernier

primero / último

l'ami / l'ennemi

amigo / enemigo

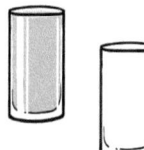

plein / vide

lleno / vacío

dur / souple

duro / blando

lourd / léger

pesado / ligero

faim / soif

hambre / sed

malade / sain

enfermo / sano

illégal / légal

ilegal / legal

intelligent / stupide

inteligente / tonto

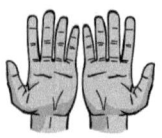

gauche / droite

izquierda / derecha

proche / loin

cerca / lejos

nouveau / usé

nuevo / usado

rien / quelque chose

nada / algo

vieux / jeune

viejo / joven

marche / arrêt

encendido / apagado

ouvert / fermé

abierto / cerrado

faible / fort

silencioso / ruidoso

riche / pauvre

rico / pobre

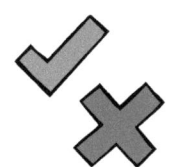

correct / incorrect

correcto / incorrecto

rugueux / lisse

áspero / suave

triste / heureux

triste / contento

court / long

corto / largo

lent / rapide

lento / rápido

mouillé / sec

húmedo / seco

chaud / froid

caliente / frío

la guerre / la paix

guerra / paz

0

zéro
cero

1

un / une
uno

2

deux
dos

3

trois
tres

4

quatre
cuatro

5

cinq
cinco

6

six
seis

7

sept
siete

8

huit
ocho

9

neuf
nueve

10

dix
diez

11

onze
once

12

douze

doce

13

treize

trece

14

quatorze

catorce

15

quinze

quince

16

seize

dieciséis

17

dix-sept

diecisiete

18

dix-huit

dieciocho

19

dix-neuf

diecinueve

20

vingt

veinte

100

cent

cien

1.000

mille

mil

1.000.000

le million

millón

l'anglais

inglés

l'anglais américain

inglés americano

le chinois mandarin

chino mandarín

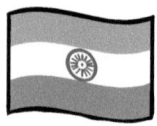

le hindi

hindi

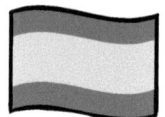

l'espagnol

español

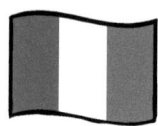

le français

francés

l'arabe

árabe

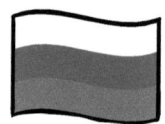

le russe

ruso

le portugais

portugués

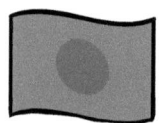

le bengali

bengalí

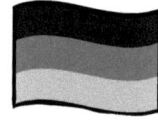

l'allemand

alemán

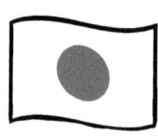

le japonais

japonés

je

yo

tu

tú

il / elle / ce, c', cela

él / ella

nous

nosotros

vous

vosotros

ils / elles

ellos

Qui ?

¿quién?

Quoi ?

¿qué?

Comment ?

¿cómo?

Où ?

¿dónde?

Quand ?

¿cuándo?

le nom

nombre

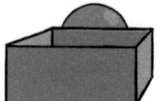

derrière

detrás

dans

en

devant

delante de

au-dessus

por encima de

sur

sobre

en-dessous

debajo de

à côté de

junto a

entre

entre

le lieu

lugar